LOS REFRANES DE LUZEMILY
La Sabia de 7 Años

I0191267

Luzemily Prosper

Primera Edición

Global Publishing Company • Los Angeles, California

LOS REFRANES DE LUZEMILY
La Sabia de 7 Años

Luzemily Prosper

(Traducido del inglés original por Nora Ortega-Herroz)

Diseño y portada por Charles Prosper

LIBRARY OF CONGRESS CATALOG CARD DATA

ISBN–13   978-0-943845-20-3

IMPRESO EN LOS ESTADOS UNIDOS DE AMERICA

12   11   10   9   8   7   6   5   4   3   2   1

Dedicado a Natalia, mi querida prima

Contenido

Luzemily Prosper
La Sabia de 7 Años

INTRODUCCION

Recuerdo muy bien el día. Luzemily acababa de cumplir 7 años. Comenzamos a hablar sobre una pelea que tuvo cuando una niña de su misma edad la atacó. Se defendió expertamente, ya que conoce defensa personal desde muy temprana edad – pero de repente dijo,

"Cuando lastimo a alguien me siento mal – lastimar a otras personas en realidad es lastimarse a uno mismo."
– Luzemily (7 años)

Su declaración fue tan de repente, tan inesperada, tan real y tan profunda que realmente me tomó por sorpresa.

Y de sus 7 años en adelante fue el comienzo de una serie sin fin de refranes sabios que ha ido expresando por los últimos cuatro años. Al darme cuenta de lo que estaba sucediendo, comencé a documentar sus perlas de sabiduría aproximadamente un año después.

Este pequeño libro documenta cuatro años y algunas cosas asombrosas que Luzemily ha dicho hasta hoy día. Incluye pensamientos profundos así como algunos humorísticos que ha dicho desde los 8 a los 11 años. Actualmente tiene 11 años.

Sí, soy un padre orgulloso, pero verán que no se debe a un ego exagerado. Lo que usted leerá aquí en este pequeño libro, le servirá como pensamientos para meditarse por años venideros. Disfrútele.

Charles Prosper
el 4 de julio de 2010

Los Refranes de Luzemily

(una antología)

Sobre La Vida y La Muerte

No puedes detener a la vida de que te mate.

— *Luzemily Prosper*
   (8 años)

Sobre La Naturaleza de los Secretos

Cuando sólo tú sabes algo, es un secreto. En cuanto se lo dices a otro, deja de ser secreto.

— Luzemily Prosper
  (9 años)

4

Sobre la Naturaleza de Dios

Dios tiene un sueño acerca de nosotros, y nosotros (al igual que Dios) tenemos un sueño acerca de nosotros mismos.

— Luzemily Prosper
(10 años)

Sobre el Propósito de La Vida

Sólo tenemos 2 propósitos para estar en la Tierra: 1) Es para amar y servir, y 2) Para reproducirnos. No todos podemos hacer lo segundo, pero todos tenemos que hacer lo primero.

— Luzemily Prosper
(10 años)

Sobre La Verdad de Mentir

*Todos mienten, y esa
es la honesta verdad.
Y por alguna razón,
todos tienen que mentir
algunas veces.*

— Luzemily Prosper
(10 años)

Sobre Tratar con Abusivos

Si peleas con palabras, sólo conseguirás patadas en el trasero.

— Luzemily Prosper
   (10 años)

Sobre Buena Suerte y Mala Suerte

No hay tal cosa como buena o mala suerte – sólo como piensas de ti mismo.

– Luzemily Prosper
 (10 años)

Sobre Truenos y Relámpagos

Es mejor escuchar truenos a que te caiga un relámpago.

— *Luzemily Prosper*
   (10 años)

Una Pregunta Sobre Alergias

Luzemily - ¿Papi, puede una persona ser alérgica a cualquier cosa?
Papá - Sí.
Luzemily - Bueno, y, ¿puede una persona ser alérgica a sí misma?

— Luzemily Prosper
  (10 años)

Sobre Resolver Problemas

Hay un remedio para todo.

— Luzemily Prosper
(10 años)

Sobre Hacer Cosas Buenas

Cuando haces cosas buenas, suceden buenas cosas.

— Luzemily Prosper
   (10 años)

Sobre Cometer Errores

La vida es interesante cuando cometes errores porque siempre encontrarás enmiendas.

— Luzemily Prosper
  (10 años)

Sobre La Legalidad de Los Abrazos

Si fuese ilegal abrazar – nadie sería feliz.

— Luzemily Prosper
   (10 años)

Una Afirmación de Poder

"Yo creo en el poder de creer."

– *Luzemily Prosper*
(10 años)

Una Pregunta Sobre Fruta

¿Los kiwis, comen kiwis?

– Luzemily Prosper
  (10 años)

Un Pato Vampiro

¿Cómo se le llama a un pato vampiro?
— Conde Cuác-cula.

— Luzemily Prosper
  (10 años)

Un Reptil Peligroso

¿Como se le llama a un reptil peligroso drogado? – Un Coco-drilo.

– Luzemily Prosper
  (10 años)

Sobre Cruce de Animales

¿Si se cruza un toro y un perro — el resultado es un bulldog?

— Luzemily Prosper
  (10 años)

Un Diálogo con Papá

Papá - Luzemily, ¿tienes una idea cuánto te amo?

Luzemily - Sí, siento el "papitis."

– Luzemily Prosper
  (10 años)

Una Petición Urgente a Papá

Papi. Abrázame. Soy una 'abrazólica'.

— Luzemily Prosper
  (10 años)

El Ingenio Luzemily

Papá- Escúchame.
Luzemily - No, Tú
escúchame.
Papá - Soy mayor que
tú.
Luzemily - Sí, pero
yo soy mayor en ser
buena-onda.

— Luzemily Prosper
(10 años)

Sobre la Naturaleza del Tiempo

El tiempo es movimiento, y si no hay movimiento, no hay tiempo.

— Luzemily Prosper
   (11 años)

Sobre la Naturaleza del Espacio

No existe tal cosa como el espacio. Siempre existe alguna molécula entreverada en el espacio.

— Luzemily Prosper
  (11 años)

Sobre Fe

Siempre mantén tu fe en alto.

— Luzemily Prosper

(11 años)

Sobre La Vida

La vida no es corta si la pasas bien.

— *Luzemily Prosper*
   (11 años)

Sobre Gente Perfecta

Si toda persona fuese perfecta, entonces ninguna persona sería perfecta.

— Luzemily Prosper
   (11 años)

Sobre Cosas Horribles

No existen cosas
horribles. Es sólo una
opinión.

– Luzemily Prosper
  (11 años)

Sobre La Justicia de La Vida

La vida es injusta sólo si creemos que es injusta.

— *Luzemily Prosper*
(11 años)

Sobre Creer

No creas en algo que no quieres creer.

— *Luzemily Prosper*
(11 años)

Sobre Personajes de Caricatura

¿Porque todos los personajes de caricatura siempre usan la misma ropa en todos los episodios?

— Luzemily Prosper
   (11 años)

Las 3 Necesidades de la Vida

Tres cosas que necesitas: llaves, fe y tu teléfono celular.

– Luzemily Prosper
   (11 años)

Sobre Mendingar

Mendingar es para perdedores.

— *Luzemily Prosper*
  (11 años)

Jugando El Juego de La Vida

¿Qué caso tiene jugar si siempre vas a ganar?

— Luzemily Prosper
  (11 años)

Sobre Pelear Constantemente

Pelear sólo lastima el alma – la pelea que nunca termina.

— Luzemily Prosper
  (11 años)

Sobre Gente Rara

Nadie es raro; todos son únicos.

— *Luzemily Prosper*
  (11 años)

Sobre Volver a Nacer

Vuelves a nacer cada vez que despiertas.

— *Luzemily Prosper*
  (11 años)

Sobre Moderación

Debes tener moderación con moderación.

— *Luzemily Prosper*
(11 años)

Sobre Ser Millonarios

Si todos fueran millonarios, entonces nadie sería millonario.

— *Luzemily Prosper*
  (11 años)

Un Secreto de Negocio Exitoso

¿Qué estás haciendo que ellos no están tratando de hacer?

— *Luzemily Prosper*
  (11 años)

Porque Existen Los Problemas

Luzemily - *Los problemas existen por una razón.*

Papá - *¿Por qué?*

Luzemily - *Para resolverlos.*

Papá - *¿Por qué resolverlos?*

Luzemily - *Por diversión.*

— *Luzemily Prosper*
(11 años)

Sobre Forzar a Otros

No puedes forzar a nadie a que hagan algo que no quieren hacer – bueno, puedes hacerlo físicamente pero no mentalmente.

– Luzemily Prosper
(11 años)

Una Petición vs. Un Mandato

Nunca pidas un mandato.

– Luzemily Prosper
  (11 años)

Trata, Trata Otra Vez...

Si no tienes éxito al principio, trata, trata otra vez — pero no trates <u>demasiado</u>.

— Luzemily Prosper
  (11 años)

Adjetivos

Cada adjetivo es una opinión.

— *Luzemily Prosper*
  (11 años)

Sobre Cambiar a Otros

*No puedes cambiar
a una persona. Sólo
puedes ayudarle.*

— *Luzemily Prosper
(11 años)*

¿Qué Es el Dinero?

El dinero es una emoción. Puede ser cualquier cosa que tú quieras que sea.

— *Luzemily Prosper*
  (11 años)

Felicidad vs. Amor

Hay una diferencia entre felicidad y amor. La felicidad puede ser con una sola persona. El amor tiene que ir acompañado por algo o alguien.

— *Luzemily Prosper*
(11 años)

Sobre Problemas

Para cada problema hay un beneficio.

— Luzemily Prosper
  (11 años)

¿Puedes Imaginar...?

¿Puedes imaginar imaginando? ¿Puedes querer queriendo?

— *Luzemily Prosper*
  (11 años)

Lo Que Quieres Oír

Quieres oír lo que crees.

– *Luzemily Prosper*
(11 años)

Sobre Hacer Una Pregunta

Si haces una pregunta, tienes que estar preparado para la respuesta.

— Luzemily Prosper
   (11 años)

Luzemily Prosper
(a los 10 años)

Sobre La Autora

Luzemily Prosper es como cualquier alumna sobresaliente de secundaria. Puede ser graciosa y juguetona, pero existe un aspecto de ella que nadie puede comprobar de dónde viene, que cuando habla, salen de sus pequeños lindos labios unas cosas muy profundas. *(Actualmente tiene 11 años – y cada vez más sabia con el pasar de los años.)*

Si desea enviarle algún mensaje y darle las gracias por su primera obra, o si desea ordenar copias adicionales, lo puede hacer a:

Luzemily Prosper
c/o Global Publishing Company
P.O. Box 29699
Los Angeles, CA 90029
cprosper@prosperballoons.com

www.ingramcontent.com/pod-product-compliance
Lightning Source LLC
Chambersburg PA
CBHW060039040426
42331CB00032B/1431